Pentru tine, mamă.
Și pentru tine, bunica.
Și pentru tine, fetița mea.
Pentru toate mamele și copiii lumii.
Pentru că acum am înțeles.

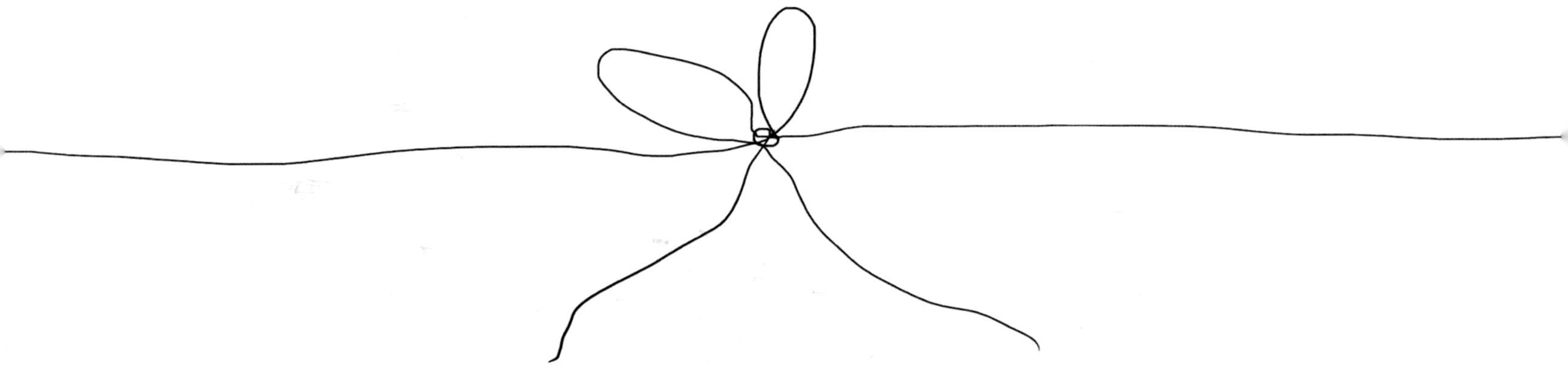

IOANA CHICET-MACOVEICIUC

VREI SĂ-ȚI SPUN UN SECRET DESPRE MAMI?

Descrierea CIP este disponibilă la Biblioteca Națională a României

Colecția UNICORN UNIVERS

Colecție coordonată de Ioana Chicet-Macoveiciuc

Redactare: Diana Crupenschi, Irinel Antoniu

DTP & caligrafie: Faber Studio

Tipărită în România, de G. Canale & C

978-973-34-1076-8

IOANA CHICET-MACOVEICIUC

VREI SĂ-ȚI SPUN UN SECRET DESPRE MAMI?

ILUSTRAȚII DE
GEORGIANA CHIȚAC

Pentru ________
De la ________
Cu toată iubirea din lume!
Rămâne secretul nostru, da? Sssss....

UNIVERS

Acum mulți ani, mami era copil, ca și tine.
La început, mama ta era un bebeluș care dădea întruna din mâini și din picioare. Mânca doar lapte cald și dulce de la pieptul mamei ei, adică bunica ta.

Apoi a mai crescut și a devenit un copilaș curios care scotocea în toate sertarele, după care obosea și voia să stea muuuuult în brațele mamei ei.

Cerea multe povești seara la culcare, iubea înghețata de vanilie, plângea când rămânea la grădiniță și petrecea ore întregi îmbrăcând păpuși în haine de hârtie.

Când mama ta era copil ca tine,
în loc de BUCĂTĂRIE spunea BUTUCĂLIE.
și în loc de LUNĂ, NUNĂ.

Caii când fac MIHAHA,
de fapt râd de tine,
așa credea mama ta când era mică.

Credea că pisicile spun VRIAAAU,
nu MIAU, pentru că pisicile
mereu îți cer câte ceva.

Dac-o întrebai ce vrea să se facă
atunci când va fi mare, îți spunea că
DOCTOR de ȘOARECI sau
CÂNTĂTOARE PE SCENĂ.
Îi plăcea mult să cânte tot felul
de melodii învățate de ea,
iar pe post de microfon folosea
peria de păr a mamei ei.

prune
gem caise
mure

Într-o zi când era mică, mama ta s-a ascuns în dulapul cu borcane cu dulceață. Foarte tare s-au speriat părinții ei când au observat că micuța lor a dispărut. Au strigat-o tare, au căutat-o peste tot și apoi s-au gândit că i s-a întâmplat ceva rău, dar ea râdea în șoaptă printre borcane și mai gusta cu degetul când din gemul de prune, când din dulceața de trandafiri. A ieșit de-acolo după o vreme, că nu mai putea de sete.

Ce-au mai pupat-o mami și tati, bucuroși că fetița e bine, poate doar puțin cam prea lipicioasă...

În altă zi când era mică, mama ta a vopsit tot cățelul cu cariocile. I s-a părut ei că e cam trist cățelușul cel alb și s-a gândit că, dacă-l face colorat, o să fie mai vesel. Așa că a scos cariocile ei speciale, cele care nu se spală aproape niciodată de pe piele, și l-a făcut multicolor pe cățelul Puf. Avea steluțe verzi pe frunte, inimioare roz pe fund, cercuri și dungi de toate culorile pe lăbuțe și pe spate. Când s-a văzut în oglindă, cățelul s-a speriat atât de tare c-a început să latre și apoi s-a ascuns sub pat. Foarte greu l-au convins mama și tata să iasă de-acolo și să meargă să facă baie.

Și în altă zi, pentru că și-a dorit foarte mult, mama ta a plecat la grădiniță îmbrăcată într-un cearșaf cu nori roz, iar în picioare purta ciorapii găuriți la vârf ai lui tati. I-a fost atât de greu să meargă pe stradă în ținuta ei specială! Se tot împiedica în ciorapii prea mari, cearșaful cădea de pe umeri și toată lumea îi vedea pielea buburuzată de răcoarea dimineții. Noroc că până la urmă tati a fost drăguț și a cărat-o în brațe până la grădiniță, unde copiii s-au mirat de costumul ei interesant, iar doamna educatoare a invitat-o la dulap, să-și pună pantaloni și bluză, ca toți copiii.

Mama ta a împachetat cearșaful sub formă de bulgăre și l-a îndesat într-un raft.

– O să port rochia asta mai târziu,
acum am chef să fiu cavaler,
nu prințesă, a zis ea tare și
și-a pus pantalonii pe dos.

Simpatică mama ta, nu-i așa?

Încet-încet, ca toți copiii, mama ta a crescut.
S-a înălțat, a mers la școală, a învățat să scrie și să citească,
și-a făcut prieteni cu care mergea la film sau în parc.
Unul dintre prietenii aceștia i-a plăcut mult, mult de tot.

ATAX
Făceau totul împreună: mâncare, curățenie, vacanțe la mare și la munte.
Se iubeau foarte mult!
Când inchideau ochii, amândoi visau să facă împreună ceva minunat, frumos și special.
Se plimbau împreună de mână, doar ei doi, și simțeau că nu vor să se despartă niciodată, ca prințul sau printesa din povești.
După ceva timp, mama ta a mers să locuiască într-o casă nouă, cu prietenul ei cel mai bun.

Așa ai apărut tu în burta mamei tale. Un ghem de bucurie. La început, mic cât un punct pe hârtie pe care-l faci cu un creion foarte-foarte ascuțit. Apoi tot mai rotund și mai mare, cu degete, pleoape, zâmbete și visuri.

Burta mamei tale a fost casa ta o toamnă, o iarnă și o primăvară. Acolo dormeai, mâncai și te jucai cu degetele de la mâini și de la picioare. Ascultai prin pielea burții ce vorbesc mama și tata, dansai și tu cu ei când puneau muzică la radio, uneori făceai tumbe în burtă, iar ei râdeau cu tine împreună.

Din când în când, mama sau tata puneau mâna pe casa ta și-ți șopteau cât de mult te iubesc. Tu atunci îi salutai cu un mic salt în burtă, să le spui că și tu îi iubești, chiar dacă nu i-ai văzut niciodată.

Mami e un personaj de poveste
cu două inimi:
una a ta, una a ei.

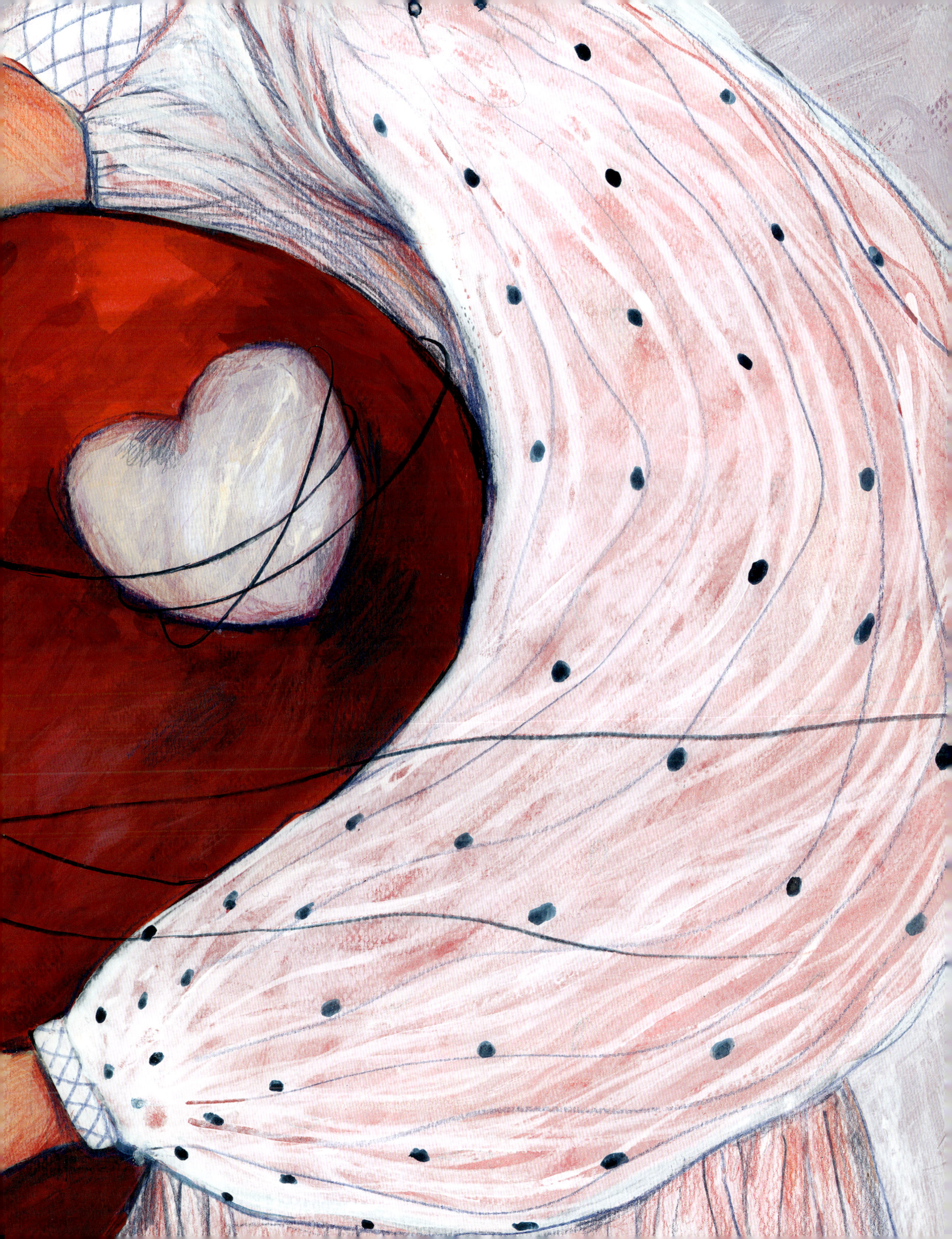

Într-o zi, ai hotărât să scoți nasul la lumină. Crescuseși mult acolo în burtă și nu prea mai aveai loc să te joci. În plus, îți era și foarte dor de mama ta, voiai să o vezi, să o strângi în brațe, să-i miroși pielea și părul.

În ziua aceea, cu mult efort și multă bucurie, cu tatăl tău de mână, mama ta te-a născut, apoi te-a luat pe pieptul ei, să-ți arate lumea. Te-a pus la sânul ei, să-ți dea lapte bun, care ieșea din piept și din inimă. Iar tu ai început să spui

Oaaa-oaaaa și Ngu-gu, adică

Mami, mă bucur să te cunosc, ești foarte drăguță, vreau lapte, ups, tocmai am făcut caca.

De-atunci, în fiecare zi, mami te privește cum dormi în brațele ei, îți sărută genele lungi, părul moale, pielea fină, îți numără respirațiile și degetele, îți spune în șoaptă:

Te iubesc, micul meu ghem de bucurie!

Mami îți zâmbește mereu, îți cântă de somn ușor, se lipește de tine când vine noaptea și te ia cu ea în toate visele ei. Uneori, când erai bebeluș, te adormea legănându-te pe picioare. Iar într-o noapte era atât de obosită încât a început să legene perna goală pe picioare, în timp ce tu dormeai pe pat, lângă ea. În noaptea aceea, perna a dormit foarte bine!

Mami te iubește orice s-ar întâmpla,
oricâți alți copii ar avea,
orice-ai face,
orice-ai spune.

Mami închide ochii
cu gândul la tine
și-i deschide dimineața
cu gândul ghici la cine?
Exact. Tot la tine.

Te poartă în brațe,
te ia cu ea la piață
și la muncă și în vacanță
și-n somn, pentru că
nu mai știe să respire
fără tine.

Uneori, mami obosește și plânge sau se înroșește la față și vorbește pe un ton ciudat, nervos, grăbit, de parc-ar fi un dragon care scoate flăcări pe nas și pe gură.

Dar nu-i dragon, e tot mami.
Și ea, ca și tine, simte lucruri puternice uneori. Atunci are nevoie s-o iubești, s-o mângâi și să-i spui că e minunată. Chiar dacă nu zâmbește, e tot mama ta, care te iubește orice-ar fi.

Mai știi când te superi tu și începi să strigi și să trântești lucruri și să spui cuvinte nervoase? Mami stă lângă tine, vorbește calm, te ia în brațe și te ajută să te liniștești fără să se supere pe tine. E normal să te enervezi când nu primești ce-ți dorești, dar știi ce? Nervii trec foarte repede dacă ești înconjurat de iubire.

Când mami e supărată, iubește-o și mai mult.
Așa cum face și ea cu tine când ești supărat.

Așa-i că de multe ori
mami pare un fel de supererou?
Găsește mereu soluții
la orice problemă.
Mami le știe pe toate.
Mami le face pe toate.
Mami vindecă dureri
de tot felul.
Mami face cea
mai bună mâncare.
Mami are o
superputere secretă
pe care o au doar
mamele!
Pe mami o iubește
toată lumea.
Mami e ca o caracatiță
cu o mie de brațe
și de creiere
și de inimi.
Are grijă de toți și de toate.

Monsieur

Mami e mereu atât de frumoasă!

Mami zâmbește mereu!

ce frumos cântă mami!

Mărgelele lui mami zornăie
ca un cântec plăcut.

Cerceii lui Mami sunt stele fugite de pe cer.

Părul lui Mami e fermecat ca valurile mării
care se unduiesc în fiecare clipă și la care
te poți uita toată ziua fără să te plictisești.

Inelul de pe mâna ei aduce somnul
când îl pipăi noaptea pe întuneric.

Mami miroase frumos,
ca o poiană plină cu flori
peste care tocmai
a trecut ploaia.

În brațe la mami stă ascuns
un castel invizibil în care totul
e perfect. Un castel pe care
doar tu îl vezi și-l simți.
Un castel doar pentru tine.

Din când în când, mama are nevoie de timp singură sau cu tata, ca să-și refacă superputerea ei de mamă. Asta nu înseamnă că nu te mai iubește, înseamnă doar că e și ea om și uneori are nevoie să stea în liniște doar cu inima și gândurile ei. Din care tu faci mereu parte.

Mereu. Și când e obosită, și când e nervoasă sau tristă. De fapt, tu alimentezi superputerea ei de mamă, de la distanță, când ea se odihnește în camera ei sau la o plimbare. Tu ești bateria ei de putere și de bucurie. Mai știi cum îți spune că ești *ghemul ei de bucurie*? Pentru că tu-i dai energie și poftă să râdă. Tu-i dai viață ei, așa cum ea ți-a dat viață ție.

Orice s-ar întâmpla cu tine sau cu ea,
mami va ține brațele deschise,
să te poți adăposti în castelul magic din ele
de fiecare dată când o să ai nevoie.
Cât timp veți trăi, tu și ea, iubirea ei
pentru tine te va înconjura ca un nor
nevăzut, îți va da putere, gânduri bune,
chef de joacă, zâmbet și pace.

Acesta e secretul despre mama ta:

e și ea om, ca și tine,

și TE IUBEȘTE mai mult decât orice

pe lumea asta, în fiecare clipă.

Și-o să te iubească și când o să mai crești și o să ajungi cât ea de mare.

Când o să locuiești în altă casă, doar tu sau împreună cu un om care-o să-ți placă mult, alături de care o să mănânci micul dejun și-o să te uiți la filme de pe canapea duminica, mama o să se gândească la tine de pe canapeaua ei, din casa ei.

Te iubesc, puiule, o să zică ea în gând de acolo de departe, iar tu o să o auzi, chiar dacă sunteți în case diferite, în orașe diferite.

E și asta parte din superputerea ei de mamă.

Iar când tu împreună cu persoana ta preferată o să creați o ființă nouă, perfectă și roz, așa cum ești tu acum, mama ta o să fie foarte fericită. Tu vei deveni părinte, iar ea va deveni bunică, și-atunci o să te iubească și mai mult, și pe tine, și pe copilul tău.

Vrei să mai știi un secret?
Dragostea mamei tale
pentru tine nu poate să scadă
niciodată, ea poate doar
să crească mare, tot mai MARE,
ca un nor dens de iubire
care se umflă încet, până ajunge
să învăluie tot Universul.

De fapt, e posibil ca iubirea de mamă să fie cea care învârte Pământul și toate planetele prin Univers. Atât e de puternică!

Acum hai, dă-i mamei tale o îmbrățișare. Închide ochii și nu spune nimic. Doar simte inima ta și inima ei cum bat împreună. Așa-i că asta e cea mai frumoasă melodie din lume?